Maria, mit dem Kinde lieb,
uns allen deinen Segen gib.

Überliefert

Helga Jütten

Gegrüßet seist du, Maria

Den Rosenkranz beten

Butzon & Bercker

Inhalt

ROSENKRANZANDACHTEN

Zur Einführung

Im Rosenkranz führt uns Maria zu Christus

Im Rosenkranz betrachten wir betend das Leben Jesu von seiner Menschwerdung, seinem Wirken auf der Erde, seinem Leiden und Sterben bis zu seiner Himmelfahrt. Wir tun dies zusammen mit Maria, der Mutter Jesu, die auch unsere Mutter ist. Maria, die innig mit ihrem Sohn verbunden ist, erschließt uns im Gebet das Geheimnis des Lebens und Wirkens Jesu.

Heilige Jungfrau und Gottesmutter Maria,
mein heiliger Engel und ihr lieben Heiligen
des himmlischen Reiches,
legt Fürsprache für mich ein,
damit ich Gottes Huld an mir erfahre.
Helft mir, gut zu sein!

Franz von Sales

Den Rosenkranz beten

Den Rosenkranz beten wir,
indem wir ihn ganz einfach
in die Hand nehmen,
so wie er gut darin aufgehoben ist,
und Perle für Perle ein Gebet sprechen.
Wir beginnen beim Kreuz.

Kreuz: Kreuzzeichen und
„Apostolisches Glaubensbekenntnis“

Einzelperlen: „Ehre sei dem Vater“
und „Vater unser“

Dreier-Perlengruppe: Bei jeder Perle ein „Gegrüßet seist du, Maria“ jeweils mit besonderer Ergänzung:

- Jesus, der in uns den Glauben vermehre.
- Jesus, der in uns die Hoffnung stärke.
- Jesus, der in uns die Liebe entzünde.

Zehner-Perlengruppen: Bei jeder Perle ein „Gegrüßet seist du, Maria“ (Zehn Perlen bilden ein „Gesätz“: Bei einem „Gegrüßet seist du, Maria“ fügen wir nach „Jesus“ eine Ergänzung ein. Jedes Gesätz hat einen anderen Zusatz. Jedes Rosenkranzgebet hat fünf verschiedene Zusätze.)

Nach der letzten Zehner-Perlengruppe beten wir ein „Ehre sei dem Vater“.

Es gibt vier Rosenkranzgebete, in denen wir zusammen mit Maria das Leben Jesu betrachten.

Die freudenreichen Geheimnisse

– Jesus, den du, o Jungfrau,
vom Heiligen Geist empfangen hast.
– Jesus, den du, o Jungfrau,
zu Elisabet getragen hast.
– Jesus, den du, o Jungfrau,
(in Betlehem) geboren hast.
– Jesus, den du, o Jungfrau,
im Tempel aufgeopfert hast.
– Jesus, den du, o Jungfrau,
im Tempel wiedergefunden hast.

In den freudenreichen Geheimnissen
betrachten wir die Menschwerdung Jesu.
Der Heilige Geist kommt über Maria
und sie empfängt neues, göttliches Leben.

Mit dem größer werdenden Jesus in ihr
macht sie sich auf den Weg zu Elisabet,
wo sie Ermutigung und Bestärkung erfährt.
Mit Josef zusammen geht sie nach Betlehem
und wird Mutter Gottes. Jesus wird so umgeben von
wenigen treuen Menschen, die für ihn sorgen und
ihm helfen, auf der Erde groß zu werden.

Maria behält Jesus nicht für sich,
sie bringt ihn in den Tempel zu seinem wahren Vater.
Im Tempel lernt sie auch,
ihn ganz Gott zu übergeben,
damit er den Menschen
das Reich Gottes verkünden kann.

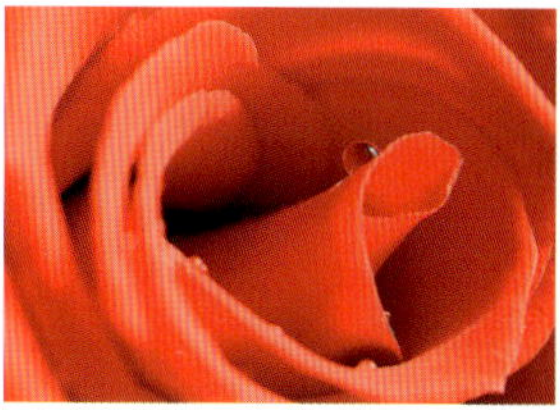

Maria empfängt Jesus vom Heiligen Geist

Als Maria die Stimme Gottes
durch den Engel vernimmt,
auf sein Wort hört und
„Ja“ zu ihrer Berufung sagt,
kommt der Heilige Geist auf sie herab.
Obwohl Maria für die
Menschwerdung Jesu wichtig ist,
steht sie nicht im Mittelpunkt.
Sie lässt vielmehr Jesus
immer größer werden
in ihrem Leben.

Maria ist ein Beispiel dafür, wie Gott durch den Heiligen Geist in unserem Leben wirken kann, wenn wir auf ihn hören und ihm ganz vertrauen. Alles, was wir haben, ist uns nur von Gott anvertraut, ist sein Geschenk, auf das wir keinen Anspruch haben, ist Gabe und Aufgabe.

Der Lobgesang Marias

Meine Seele preist die Größe des Herrn
und mein Geist jubelt über Gott, meinen Retter.
Denn auf die Niedrigkeit seiner Magd hat er geschaut.
Siehe, von nun an preisen mich selig alle Geschlechter.
Denn der Mächtige hat Großes an mir getan
und sein Name ist heilig.
Er erbarmt sich von Geschlecht zu Geschlecht
über alle, die ihn fürchten.
Er vollbringt mit seinem Arm machtvolle Taten:
Er zerstreut, die im Herzen voll Hochmut sind;
er stürzt die Mächtigen vom Thron
und erhöht die Niedrigen.
Die Hungernden beschenkt er mit seinen Gaben
und lässt die Reichen leer ausgehen.
Er nimmt sich seines Knechtes Israel an
und denkt an sein Erbarmen,
das er unsern Vätern verheißen hat,
Abraham und seinen Nachkommen auf ewig.

Lukas 1,46–55

Selig bist du

Gruß dir, heilige Mutter,
die du den König geboren,
der da hält Himmel und Erde
im Wandel der Zeiten,
dessen Walten das All umfasst
mit ewigem Kreisen,
dessen Reich ohne Ende besteht [...]

Aus dem Carmen Paschale des Caelius Sedulius

Ich möchte mit dir sein

Ich möchte dich kennenlernen, Maria,
dich, wie du warst,
ehe die Freunde deines Sohnes
dich verklärten und erhöhten,
in Himmelblau kleideten und Lilienweiß,
dich zierten mit dem goldenen Schein.

Ich möchte dich fragen, Maria,
Mädchen aus Nazaret,
wie es ist, wenn Gott den Engel schickt,
wenn er fordert,
was man geträumt und geplant zu lassen,
die Zukunft anzunehmen aus seiner Hand.

Ich möchte mit dir sein, Maria, nahe bei Jesus,
ihn annehmen, wie du ihn angenommen,
bereit zu hören,
die dunklen Worte im Herzen bewegen,
vertrauen wie du.

Eleonore Beck

Die lichtreichen Geheimnisse

– Jesus, der von Johannes
  getauft worden ist.
– Jesus, der sich bei der Hochzeit
  in Kana offenbart hat.
– Jesus, der uns
  das Reich Gottes verkündet hat.
– Jesus, der auf dem Berg
  verklärt worden ist.
– Jesus, der uns die Eucharistie
  geschenkt hat.

In den lichtreichen Geheimnissen
offenbart sich Jesus auf unterschiedliche
Weise als der Sohn Gottes.
In der Taufe am Jordan bezeugt Gott
ihn als seinen geliebten Sohn.
Bei der Hochzeit in Kana wandelt Jesus
Wasser in Wein als Zeichen der gnadenreichen Fülle,
mit der Gott jeden beschenkt, der auf ihn vertraut.

Jesus verkündet das Reich Gottes in Wort und Tat,
so dass die Menschen das heilbringende Wirken Gottes erfahren. Auf dem Berg der Verklärung schauen ausgewählte Jünger ihn als wahren Gott und wahren Menschen.

In der Eucharistie wandelt Jesus Brot und Wein in seinen Leib und sein Blut. So kommt er auch heute mit seiner ganzen Person zu jedem Menschen, der ihn empfängt.

Jesus wird von Johannes getauft

Am Beginn der Menschwerdung Jesu
kommt der Heilige Geist zu Maria,
göttliches Leben verbindet sich
mit menschlichem Leben.
In der Taufe Jesu wird die
lebensspendende Dreifaltigkeit Gottes offenbar:
Jesus, der die Schuld der Menschen auf sich nimmt,
der Heilige Geist, der Jesus in der Taufe
für seine Verkündigung stärkt, und der Vater,
der Schöpfer allen Lebens auf der Welt,
der den Sohn bezeugt.

In der Taufe empfangen wir wie Maria neues Leben.
Gott kommt durch seinen Heiligen Geist
zu uns und er bleibt bei uns, bis wir
in seinem Reich zu ewigen Leben auferstehen.

Neu geboren

Fest soll mein Taufbund immer stehn,
zum Herrn will ich gehören.
Er ruft mich, seinen Weg zu gehn,
und will sein Wort mich lehren.
Dank sei dem Herrn, der mich aus Gnad
in seine Kirch berufen hat;
ihr will ich gläubig folgen!

Karl-Günther Peusquens

Empfangen und weitergeben

Was ich empfange, sind Brot und Wein.
Brot,
das ist Alltag und Arbeit und Last.
Brot,
das ist Hunger und Kauen und Schlucken.
Wein,
das ist Fest und Gemeinschaft und Tanz.

Wein,
das ist über den Durst hinaus
Geschenk des Himmels.

Herr, das ist unser Fest:
Du bückst dich hinein
ganz tief in alle Tage des Lebens
und holst, die ganz unten sind,
hinein in den Himmel deiner Liebe.

Was ich empfangen habe,
das gebe ich weiter zu deinem Gedächtnis.

Kurt Weigel

mutter des wortes

maria – mutter des wortes
nähre unser wort
mit all dem was du gehört hast
und was du in deinem siebenmal
durchbohrten herzen
bewahrt und erwogen hast

maria – mutter des wortes
lehre uns
deine kinder
deine kirche
das wort hören
lehre uns hören
lehre uns sprechen
lehre uns neu sprechen
wie damals zu pfingsten
das angstfreie wort
das alle verstehn
über alle grenzen und schranken
und gräben hinweg

maria – mutter des wortes
lehre uns das wort vom anfang
als es noch bei gott war
lehre uns dieses ursprüngliche wort
wie eine quelle aufzuschließen
und es zu übersetzen
in all seine vielen möglichkeiten
in seine vielen farben
in seine vielen muttersprachen

du maria mutter des wortes
amen

Wilhelm Willms

Die schmerzhaften Geheimnisse

- Jesus, der für uns Blut geschwitzt hat.
- Jesus, der für uns gegeißelt worden ist.
- Jesus, der für uns
  mit Dornen gekrönt worden ist.
- Jesus, der für uns
  das schwere Kreuz getragen hat.
- Jesus, der für uns gekreuzigt worden ist.

In den schmerzhaften Geheimnissen
nimmt Jesus das Leiden und Sterben der Menschen
auf sich; er ist der wahrhafte „Gott mit uns".
In der Betrachtung der Schmerzen Jesu
dürfen wir alles vor ihn bringen, woran wir selbst
und die Menschen in der Welt leiden:
unsere Ängste, unsere körperlichen
und seelischen Schmerzen, die Lasten,
die uns aufgebürdet sind,
und schließlich auch unser Sterben.

Not und Leid, unsere eigenen
oder die anderer Menschen, machen uns
immer wieder deutlich, dass es in unserem Leben
keine Selbstverständlichkeit ist,
wenn wir gesund sind und alles haben,
was wir zum Leben brauchen.

*In dem Leiden, das wir aus eigener Kraft nicht abwenden
können, ist Jesus uns ganz nah. Wenn wir uns ihm
überlassen, dann wandelt er unser Herz,
tröstet uns und stärkt uns durch seine Kraft.*

Jesus trägt für uns das schwere Kreuz

Unsere betende Betrachtung der Schmerzen Jesu,
die er auf seinem Kreuzweg durchmacht,
lässt uns sein wahres Antlitz erkennen.
Der Sohn Gottes ist auf die Welt gekommen,
um uns Menschen von unserer Schuld zu erlösen.
Er tut dies, indem er die Folgen der Sünde durchleidet.
So wie Veronikas liebevolle Geste Jesus Erleichterung
verschafft, indem sie mit einem Tuch sein Gesicht reinigt,
so braucht es auch heute Menschen, die sich zum Heil der
Welt betend mit dem leidenden Jesus vereinen.

*Veronika tritt aus der Menge hervor. Das braucht Mut, denn
sie kann die Konsequenzen ihres Handelns nicht abschätzen.
Auch wir brauchen Mut, um anderen Menschen zu helfen.
Oft ist dazu nur eine kleine Geste nötig,
ein kurzer Augenblick, der anderen viel bedeutet.*

Du begleitest mich

Herr, du kennst meinen Weg,
den Weg, der hinter mir liegt,
und den, der vor mir liegt.
Du begleitest mich
in jedem Augenblick.
Du bist immer für mich da.
Was erwartest du von mir?
Weil du mich führst,
kann ich versuchen,
mich selbst zu führen,
dass meine Augen und Ohren
unterscheiden lernen,
dass meine Hände anderen helfen lernen,
dass mein Denken das Richtige findet,
dass mein Herz das Rechte entscheiden lernt.
Weil du mich führst,
will ich meinen Weg versuchen.

Charles de Foucauld

Jungfrau, Mutter Gottes mein

Jungfrau, Mutter Gottes mein,
lass mich ganz dein Eigen sein!
Dein im Leben und im Tod;
dein in Unglück, Angst und Not;
dein in Kreuz und bittrem Leid;
dein für Zeit und Ewigkeit.
Jungfrau, Mutter Gottes mein,
lass mich ganz dein Eigen sein!
Mutter, auf dich hoff und baue ich.
Mutter, zu dir ruf und seufze ich.
Mutter, du Gütigste, steh mir bei!
Mutter, du Mächtigste, Schutz mir verleih!
O Mutter, so komm, hilf beten mir!
O Mutter, so komm, hilf streiten mir!
O Mutter, so komm, hilf leiden mir!
O Mutter, so komm und bleib bei mir!

Du kannst mir ja helfen, o Mächtigste.
Du willst mir ja helfen, o Gütigste.
Du musst mir nun helfen, o Treueste.
Du wirst mir auch helfen, Barmherzigste.
O Mutter der Gnade, der Christen Hort!
Du Zuflucht der Sünder, des Heiles Port!
Du Hoffnung der Erde, des Himmels Zier!
Du Trost der Betrübten, ihr Schutzpanier!
Wer hat je umsonst deine Hilfe angefleht?
Wann hast du vergessen ein kindlich Gebet?
Drum ruf ich beharrlich in Kreuz und in Leid:
„Maria hilft immer! Sie hilft jederzeit!"
Ich ruf voll Vertrauen in Leiden und Tod:
„Maria hilft immer, in jeglicher Not!"
So glaub ich und lebe und sterbe darauf:
„Maria hilft mir in den Himmel hinauf!"

Überliefert

Die glorreichen Geheimnisse

- Jesus, der von den Toten
  auferstanden ist.
- Jesus, der in den Himmel
  aufgefahren ist.
- Jesus, der uns den Heiligen Geist
  gesandt hat.
- Jesus, der dich, o Jungfrau,
  in den Himmel aufgenommen hat.
- Jesus, der dich, o Jungfrau,
  im Himmel gekrönt hat.

In den glorreichen Geheimnissen offenbart sich Jesus in seiner ganzen Herrlichkeit als Sohn Gottes. Er überwindet den Tod durch seine Auferstehung und kehrt zurück zu seinem Vater in die himmlische Welt. Von dort sendet er den Heiligen Geist, der uns beisteht und uns mit seinen Gaben beschenkt.

Die Aufnahme und Krönung Marias im Himmel
ist ein Vorausbild unserer eigenen Hoffnung,
an der wir durch die Taufe Anteil erhalten haben.

Sei gegrüßt, o Königin,
Mutter der Barmherzigkeit;
unser Leben, unsre Wonne
und unsre Hoffnung, sei gegrüßt!
Zu dir rufen wir verbannte Kinder Evas;
zu dir seufzen wir trauernd und weinend
in diesem Tal der Tränen.
Wohlan denn, unsre Fürsprecherin,
wende deine barmherzigen Augen uns zu
und nach diesem Elend zeige uns Jesus,
die gebenedeite Frucht deines Leibes.
O gütige, o milde, o süße Jungfrau Maria!

Marianische Antiphon (um 1000)

Maria – von Jesus im Himmel gekrönt

Das „Ja“, mit dem Maria auf Gottes Ruf geantwortet hat, vollendet sich im „Ja“ ihres Sohnes, als er sie in den Himmel aufnimmt und krönt. Maria, die ihrem Sohn immer treu geblieben ist und an ihn geglaubt hat, wird mit Leib und Seele in den Himmel aufgenommen. Die Himmelskönigin, wie wir Maria nennen dürfen, herrscht mit dem Zepter der Barmherzigkeit. Sie möchte auch uns zur ewigen Herrlichkeit bei Gott führen.

Gegrüßet seist du, Königin, o Maria,
erhabne Frau und Herrscherin, o Maria!
Freut euch, ihr Kerubim,
lobsingt, ihr Serafim, grüßet eure Königin:
Salve, salve, salve, Regina!

Johann Georg Seidenbusch

Litanei zur Mutter Gottes

Mutter Gottes, wir rufen zu dir!

Dich loben die Chöre der Engel.
Maria, wir rufen zu dir!
Dich loben der Heiligen Scharen.
Dich loben die Menschen auf Erden.

Mutter Gottes, wir rufen zu dir!

Du Jungfrau, prophetisch verheißen.
Maria, wir rufen zu dir!
Du Reis aus der Wurzel des Jesse.
Du Morgenstern unsrer Erlösung.

Mutter Gottes, wir rufen zu dir!

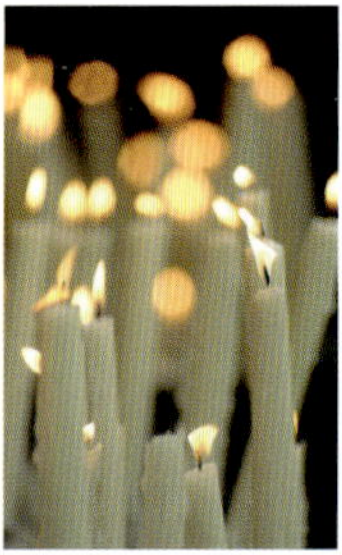

Du Urbild der Würde des Menschen.
Maria, wir rufen zu dir!
Du demütig Gott stets verbunden.
Du liebevoll dienend den Schwachen.

Mutter Gottes, wir rufen zu dir!

Du Mutter, vom Herrn uns gegeben.
Maria, wir rufen zu dir!
Du Trösterin aller Betrübten.
Du mächtiger Schutz aller Christen.

Mutter Gottes, wir rufen zu dir!

Aus den Grüssauer Marienrufen

Gedenke, gütigste Jungfrau

Gedenke, gütigste Jungfrau Maria,
man hat es noch niemals gehört,
dass jemand, der zu dir seine Zuflucht nahm,
deine Hilfe anrief,
um deine Fürsprache flehte,
von dir verlassen worden sei.
Von solchem Vertrauen beseelt,
nehme ich meine Zuflucht zu dir,
Mutter, Jungfrau der Jungfrauen.
Zu dir komme ich,
vor dir stehe ich seufzend als Sünder.
Mutter des ewigen Wortes,
verschmähe nicht meine Worte,
sondern höre mich gnädig an
und erhöre mich. Amen.

Bernhard von Clairvaux

Maria, breit den Mantel aus

Maria, breit den Mantel aus,
mach Schirm und Schild für uns daraus;
lass uns darunter sicher stehn,
bis alle Stürm vorübergehn.
Patronin voller Güte,
uns allezeit behüte.

Dein Mantel ist sehr weit und breit,
er deckt die ganze Christenheit,
er deckt die weite, weite Welt,
ist aller Zuflucht und Gezelt.
Patronin voller Güte,
uns allezeit behüte.

Innsbruck 1640

Unter deinen Schutz und Schirm

Unter deinen Schutz und Schirm
fliehen wir, heilige Gottesmutter.
Verschmähe nicht unser Gebet
in unseren Nöten,
sondern errette uns jederzeit
aus allen Gefahren,
o du glorwürdige
und gebenedeite Jungfrau,
unsere Frau, unsere Mittlerin,
unsere Fürsprecherin.
Führe uns zu deinem Sohne,
empfiehl uns deinem Sohne,
stelle uns vor deinem Sohne.

Ältestes Mariengebet

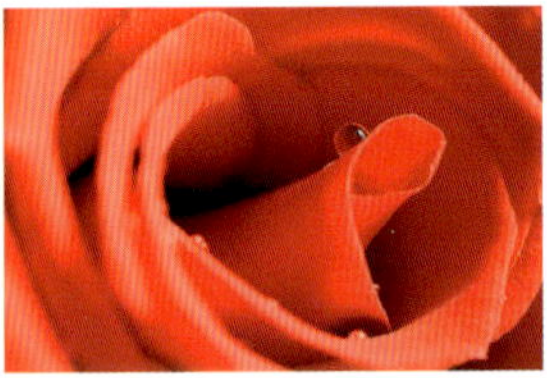

Mutter des Lichts

Glorwürdge Königin, himmlische Frau,
milde Fürsprecherin, reinste Jungfrau.
Wende, o heilige Mittlerin Du,
deine barmherzigen Augen uns zu.

Mutter der Gütigkeit, Mutter des Herrn,
über die Himmel weit leuchtender Stern.
Wende, o weiseste Führerin du,
deine barmherzigen Augen uns zu.

Mutter in Todesnot, Mutter des Lichts,
wenn uns die Hölle droht, fürchten wir nichts,
wendest du, führend zur seligen Ruh,
deine barmherzigen Augen uns zu.

Alphons von Liguori

Segne du, Maria

Lied

Gotteslob Nr. 521: „Maria, dich lieben ist allzeit mein Sinn“

Liturgischer Gruß

V: Im Namen des Vaters und des Sohnes und des Heiligen Geistes.

A: Amen.

V: Gott, Vater im Himmel, du hast Maria mit deiner Gnade beschenkt, durch sie ist dein Sohn Jesus Christus zur Welt gekommen, der uns das Heil erwirkt hat. – Wir loben dich.

A: Wir preisen dich.

V: Herr Jesus Christus, auf die Fürsprache deiner Mutter Maria hast du Wasser in Wein verwandelt als ein Zeichen, dass Gott uns teilhaben lassen möchte an seiner Fülle. – Wir loben dich.

A: Wir preisen dich.

V: Heiliger Geist, du hast Maria mit deiner Kraft erfüllt, du wirkst auch heute in der Kirche und schenkst Einheit und Frieden. – Wir loben dich.

A: Wir preisen dich.

Einführung

Segnen bedeutet, jemandem etwas Gutes zuzusprechen. Segen dürfen wir von Gott erbitten, der die Quelle alles Guten ist und der unser Heil möchte. Wir dürfen Segen für andere erbitten und auch selbst segnen. Auch Maria, die Mutter der Kirche und damit unser aller Mutter, bitten wir um ihren Segen. Wir bitten sie, ein gutes Wort bei ihrem Sohn für uns und alle Menschen einzulegen, und wir können darauf vertrauen, dass Jesus diese Fürsprache seiner Mutter erhört, so wie wir es in der folgenden Lesung hören.

Bibeltext

Johannes 2,1–9a

Kurze Stille

Lobpreis und Bittgebet

Lied

Gotteslob Nr. 536,1: „Gegrüßet seist du, Königin"

Maria, Mutter Gottes,
dein Herz ist voller Liebe,
du nimmst uns an die Hand
und führst uns zu deinem Sohn.
Segne uns, die wir hier zusammengekommen sind,
segne unsere Herzen mit Frieden
und unsere Hände mit Güte.

Lied

Gotteslob Nr. 536,2: „O Mutter der Barmherzigkeit"

Maria, Mutter der Kirche,
dein Herz ist voller Barmherzigkeit,
Du breitest schützend deinen Mantel aus
über das ganze Volk Gottes.
Segne alle, die wir lieben,

segne die Notleidenden mit allem, was sie brauchen,
mit Nahrung, mit Wasser, mit Heimat,
und forme unser aller Herz nach deinem Herzen.

Lied

Gotteslob Nr. 536,5: „O mächtige Fürsprecherin"

Maria, Königin des Himmels,
du bist von deinem Sohn verherrlicht
und in den Himmel aufgenommen worden.
Segne uns, die wir hier auf der Erde leben,
mit dem Glauben an deinen Sohn,
der unsere Schuld vergibt,
und segne unser Reden und Tun,
damit wir teilhaben am himmlischen Festmahl.

Hier können ergänzend folgende Rosenkranzgesätze gebetet werden:
Jesus, der unsere Bitten erhört.
Jesus, der uns das ewige Leben in seinem Reich verheißt.

Lied

Gotteslob Nr. 536,6: „Dein mildes Auge zu uns wend"

Vaterunser

V: Bitten wir mit den Worten Jesu, dass das Reich Gottes hier auf Erden Wirklichkeit werde:

A: Vater unser …

Lied

Gotteslob Nr. 487: „Nun singe Lob, du Christenheit“

Segen

Der Herr segne und behüte uns.
Der Herr lasse sein Angesicht über uns leuchten und sei uns gnädig.
Der Herr wende uns sein Angesicht zu und schenke uns seinen Frieden.

A: Amen.

Lied

Gotteslob Nr. 535: „Segne du, Maria“

„Selig seid ihr“

Lied

Gotteslob Nr. 523: „O Maria, sei gegrüßt“

Liturgischer Gruß

V: Im Namen des Vaters und des Sohnes und des Heiligen Geistes.

A: Amen.

V: Gelobt sei Jesus Christus.

A: In Ewigkeit, Amen.

Lied

Gotteslob Nr. 393: „Nun lobet Gott im hohen Thron“

Einführung

Die Seligpreisungen nehmen besonders im Lukasevangelium die Menschen in den Blick, die scheinbar vom Heil Gottes ausgeschlossen sind: die Armen, die Trauernden, die Hungernden, die Verfolgten, die Opfer von Krieg und Gewalt. Jesus spricht diesen Menschen das Heil Gottes zu. Gleichzeitig sind die Seligpreisungen für alle Menschen eine Mahnung, sich für soziale Gerechtigkeit und Frieden einzusetzen und so das Reich Gottes schon jetzt hier auf Erden zu verwirklichen.
Im folgenden Rosenkranzgebet werden die Seligpreisungen Jesu betrachtet und die Leidenden in die Mitte unseres Gebets genommen.

Meditationen zu den Gesätzen

1. Jesus, der die Armen seligpreist.

Armut ist ein tief empfundener und real existierender Mangel an Nahrung, Kleidung, Wohnung und Gesundheit. Menschen, die in Armut leben, haben oft nur geringe Chancen, sich durch eigene Anstrengung aus dieser Situation hinauszuarbeiten. Sie sind angewiesen auf Hilfe.
Jesus ermutigt die Armen: Gott hat sie nicht vergessen, vielmehr dürfen sie sicher sein, dass sie jetzt schon Anteil haben am Reich Gottes.
Maria kennt die Entbehrungen der Armen, denn sie hat selbst in Armut gelebt. Vereinen wir uns im folgenden Rosenkranzgesätz mit den Armen und bitten wir Maria um ihre Hilfe für sie.

Lied

Gotteslob Nr. 458,2: „Selig seid ihr, wenn ihr lieben lernt“

2. Jesus, der die Trauernden seligpreist.

Trauer ist ein Mangel an Lebensfreude, der durch den Verlust eines geliebten Menschen, durch Krankheit oder die Trennung von der Heimat hervorgerufen wird. Ein Trauerprozess kann sehr schmerzhaft und lang sein, häufig ist er damit verbunden, das Leben neu gestalten zu müssen. Jesus tröstet die Trauernden: Gott sieht ihren Schmerz und er wird ihre Tränen trocknen. Maria hat den Schmerz aller Trauernden geteilt, als sie Jesus nach seinem Tod in ihren Armen hielt. Teilen wir im folgenden Rosenkranzgesätz den Schmerz der Trauernden und bitten wir Maria, ihn zu lindern.

Lied

Gotteslob Nr. 459,1: „Selig seid ihr, wenn ihr Wunden heilt“

3. Jesus, der die Hungernden seligpreist.

Hunger ist ein Mangel an Nahrung oder Wasser. Die Nahrungsaufnahme ist existenziell für den Menschen. Anhaltender Hunger führt zu Krankheit, Aggressionen oder auch Teilnahmslosigkeit und letztendlich zum Tod. Jesus gibt sich für diese Menschen selbst als Brot.

Maria hat den Hunger und seine Folgen bei ihren Mitmenschen erlebt. Nehmen wir die Hungernden und Dürstenden im folgenden Rosenkranzgesätz in unsere Mitte und bitten wir Maria, ihren Hunger zu stillen.

Lied

Gotteslob Nr. 459,2: „Selig seid ihr, wenn ihr Krüge füllt"

4. Jesus, der die Friedfertigen seligpreist.

Krieg, Terror und Gewalt sind Formen von Machtausübung, die tiefe psychische und seelische Verwundungen und körperliche Verletzungen beim Opfer hinterlassen. Viele Menschen leiden ihr ganzes Leben lang unter den Folgen von Gewalt. Jesus sieht die Not dieser Menschen, er schenkt Vergebung, Versöhnung und Heilung.
Maria hat selbst unter der Gewaltherrschaft der Römer gelitten. Beten wir im folgenden Rosenkranzgesätz für die Opfer von Krieg, Gewalt und Terror und bitten wir Maria, ihnen die Kraft zur Vergebung zu schenken.

Lied

Gotteslob Nr. 458,4: „Selig seid ihr, wenn ihr Frieden macht"

5. Jesus, der die Verfolgten seligpreist.

Menschen werden wegen ihrer Volkszugehörigkeit, ihrer politischen Überzeugung, ihrer Religion oder ihres Geschlechts verfolgt. Ihnen drohen Diskriminierung, Inhaftierung, Folter oder auch der Tod. Die Christen gehören zurzeit zu den meistverfolgten Menschen weltweit. Jesus selbst hat ihr Schicksal geteilt, er ist verurteilt, gefoltert und am Kreuz getötet worden.
Maria musste nach Ägypten fliehen, als Herodes Jesus nach dem Leben trachtete. Geben wir allen verfolgten Menschen einen Platz in unserem Herzen und bitten wir Maria, ihre Hoffnung zu stärken und ihnen eine neue Heimat zu schenken.

Lied

Gotteslob Nr. 535: „Segne du, Maria"

„Meine Augen haben das Heil gesehen“

Lied

Gotteslob Nr. 523: „O Maria, sei gegrüßt“

Liturgischer Gruß

V: Im Namen des Vaters und des Sohnes und des Heiligen Geistes.

A: Amen.

V: Gelobt sei Jesus Christus.

A: In Ewigkeit, Amen.

Kyrie

V: Herr Jesus Christus, du bist der Gesalbte Gottes.

A: Herr, erbarme dich.

V: Herr Jesus Christus, auf dir ruht der Geist des Herrn.

A: Herr, erbarme dich.

V: Herr Jesus Christus, du verkündest allen Menschen das Evangelium vom Reich Gottes.

A: Christus, erbarme dich.

V: Herr Jesus Christus, du öffnest den Blinden die Augen und den Tauben die Ohren.

A: Christus, erbarme dich.

V: Herr Jesus Christus, du befreist die Gefangenen.

A: Herr, erbarme dich.

V: Herr Jesus Christus, du vergibst unsere Schuld.

A: Herr, erbarme dich.

Hymnus

Gotteslob Nr. 520: „Ave, maris stella"

Bibeltext

Lukas 4,16–21

Einführung

Am Anfang des öffentlichen Wirkens Jesu veranschaulicht der Evangelist Lukas die Mission Jesu. Er, Jesus, der Gesalbte, der Sohn Gottes, ist gekommen, um das Evangelium vom Reich Gottes zu verkünden und ein

Gnadenjahr des Herrn auszurufen, in dem allen Menschen, die ihren Glauben an Gott bekennen, die Schuld erlassen wird. Er, Jesus, bringt die gute Nachricht. Lukas fasst hier noch einmal zusammen, was sich durch die Geburt Jesu schon ereignet hat. Das wollen wir jetzt betrachten.

Betrachtungen zu den Gesätzen des Rosenkranzes

1. Jesus, der den Unterdrückten Freiheit schenkt.

Bibeltext

Lukas 2,1–2

Die Eintragung der Bewohner Israels in Steuerlisten macht deutlich: Das Volk Gottes lebt in Knechtschaft. Auch Maria und Josef sind davon betroffen. Diesmal führt Gott die Israeliten nicht aus Ägypten heraus, sondern er befreit sie durch die Geburt seines Sohnes endgültig von der Unterdrückung.

Betrachten wir im folgenden Rosenkranzgesätz, wo Menschen heute unter Unterdrückung und Diskriminierung leiden, und bitten wir Maria, ihnen beizustehen.

Ein Gesätz des Rosenkranzes wird gebetet:
Gotteslob Nr. 4,3b mit der Einfügung: Jesus, der den Unterdrückten Freiheit schenkt.

Lied

Gotteslob Nr. 433,2: „Schweige und höre" – drei Wiederholungen

2. Jesus, der allen Menschen ihre Schuld vergibt.

Bibeltext

Lukas 2,3–5

Der Weg von Maria und Josef nach Betlehem erinnert an das Gnadenjahr des Herrn, in dem jeder Israelit in seine Heimatstadt zurückkehren konnte und ihm all seine Schulden vergeben wurden. Jesus ist auf die Welt gekommen, um die Menschen von ihren Sünden zu erlösen. Er vergibt die Schuld allen Menschen, die in ihrem Herzen zu Gott umkehren.
Betrachten wir im folgenden Rosenkranzgesätz, wo die Gebote Gottes, die den Menschen zum Heil führen, übertreten werden, und bitten wir Maria, alle Menschen wieder zu Gott zu führen.

Ein Gesätz des Rosenkranzes wird gebetet:
Gotteslob Nr. 4,3b mit der Einfügung: Jesus, der allen Menschen ihre Schuld vergibt.

Lied

Gotteslob Nr. 433,2: „Schweige und höre" – drei Wiederholungen

3. Jesus, der den Armen die Frohe Botschaft verkündet.

Bibeltext

Lukas 2,6–12

Maria hat Jesus in einem Stall zur Welt gebracht. Hirten gehörten zu den Armen und Ausgegrenzten der Gesellschaft, ihnen wurde die Geburt Jesu durch die Engel verkündet, sie knieten vor dem Kind in der Krippe nieder. Von Beginn seines Lebens an ist Jesus zu den Armen gesandt, ihnen verkündet er das Reich Gottes.
Betrachten wir im folgenden Rosenkranzgesätz, unter welchen Formen von Armut Menschen heute leiden, und bitten wir Maria, ihnen zu helfen.

Ein Gesätz des Rosenkranzes wird gebetet:
Gotteslob Nr. 4,3b mit der Einfügung: Jesus, der den Armen die Frohe Botschaft verkündet.

Lied

Gotteslob Nr. 433,2: „Schweige und höre“ – drei Wiederholungen

4. Jesus, der die Gefangenen von ihren Fesseln befreit.

Bibeltext

Lukas 2,13–14

Das Heer, das die Geburt des Retters verkündet, besteht aus Engeln. Sie verkünden den Menschen den Frieden auf Erden. Jesus selbst wird der Friedensfürst genannt. Wo aber Frieden herrscht, da gibt es keine Fesseln mehr und keine Gefangenschaft, sondern die Menschen leben in einer Gemeinschaft, die füreinander sorgt.
Betrachten wir im folgenden Rosenkranzgesätz, wo heute Menschen unter Krieg, Gewalt und Streit leiden, und bitten wir Maria, ihnen beizustehen.

Ein Gesätz des Rosenkranzes wird gebetet:
Gotteslob Nr. 4,3b mit der Einfügung: Jesus, der die Gefangenen von ihren Fesseln befreit.

Lied

Gotteslob Nr. 433,2: „Schweige und höre" – drei Wiederholungen

5. Jesus, der den Blinden die Augen öffnet.

Bibeltext

Lukas: 2,22–32

Maria und Josef bringen Jesus in den Tempel, das Haus seines Vaters. Simeon, vom Heiligen Geist geführt, bezeugt: Dieser ist das Heil Gottes, das Licht für alle Völker und Herrlichkeit für Israel. In diesem Glaubensbekenntnis wird Jesus als das erwartete Heil Gottes, das jetzt für alle Menschen zu sehen ist, verkündet. Betrachten wir im folgenden Rosenkranzgesätz, wo Menschen das Heil Gottes nicht erkennen können, und bitten wir Maria, ihnen Jesus zu offenbaren.

Ein Gesätz des Rosenkranzes wird gebetet:
Gotteslob Nr. 4,3b mit der Einfügung: Jesus, der den Blinden die Augen öffnet.

Lied

Gotteslob Nr. 433,2: „Schweige und höre" – drei Wiederholungen

Segen

Der Segen des Vaters,
der sein Volk Israel aus der Knechtschaft befreit hat,
der Segen des Sohnes,
der uns von unserer Schuld erlöst,
und der Segen des Heiligen Geistes,
der den Menschen die Augen für Gott öffnet,
komme auf uns herab und bleibe bei uns allezeit.
A: Amen.

Lied

Gotteslob Nr. 534: „Maria, breit den Mantel aus“

Königskerze

Du bist mein Heil

Material:
Ein Strauß frischer oder getrockneter Königskerzen (ggf. die Kräuter als Tee in der Apotheke bestellen)

Vorbereitung:
Die Andacht findet vor einer Marienstatue statt, die Königskerzen werden gut sichtbar zu der Statue gestellt.

Lied

Gotteslob Nr. 536: „Gegrüßet seist du, Königin“

Liturgischer Gruß

V: O Gott, komm mir zu Hilfe.

A: Herr, eile mir zu helfen.

V: Ehre sei dem Vater und dem Sohn und dem Heiligen Geist,

A: wie im Anfang, so auch jetzt und allezeit und in Ewigkeit. Amen. Halleluja.

Einführung

Wir kennen viele Heilkräuter, die in der Natur wachsen. Sie können für uns ein Zeichen sein, dass Gott das Heil jedes Menschen will. Dieses Heil ist an Maria in besonderer Weise deutlich geworden. Deshalb rufen wir Maria als Fürsprecherin an. Die Heilkräfte der Kräuter sind verschieden: Die Königskerze, die wir heute zu Maria gestellt haben, hat eine beruhigende und schleimlösende Wirkung besonders bei Atemwegsinfekten. In dieser Andacht steht die lösende Wirkung der Königskerze als Symbol für alles, was wir loslassen müssen, damit Seele und Geist heil werden.

Hymnus

Herr, Gott, Schöpfer der Welt,
du hast alles ins Leben gerufen,
dem Chaos hast du Grenzen gesetzt
und deine Ordnung aufgestellt.

Du hast den Menschen geschaffen
als dein Abbild, dir ähnlich,
ihm gibst du alle Pflanzen zur Nahrung
und Quellen mit sauberem Wasser.

Du willst das Heil des Menschen,
treu stehst du zu ihm
und wendest dich ihm zu,
wenn er nach dir ruft.

Dich preisen wir Tag um Tag,
durch deinen Sohn, der uns erlöst,
und im Heiligen Geist, deinem Atem,
der uns das Leben schenkt in Ewigkeit. Amen.

Bibeltext

Lukas 2,41–50

Impuls

Maria erleidet den Schmerz aller Eltern: Sie muss ihr Kind loslassen und damit auch alle Vorstellungen und Wünsche davon, wie sein Leben auszusehen hat. Nur wenn Eltern ihre Kinder wirklich loslassen, können beide ein eigenständiges und erfülltes Leben führen und kehrt Ruhe und Frieden in ihre Herzen ein. Im Laufe unseres Lebens müssen wir oft loslassen und neu beginnen. Doch fast jeder Anfang ist mit Anstrengung oder Schmerz verbunden.

5 Min. stille Betrachtung

Hier können ergänzend folgende Rosenkranzgesätze gebetet werden:

Jesus, der uns sein Heil schenkt.

Jesus, der unseren Seelen Ruhe und Frieden schenkt.

Lied

Gotteslob Nr. 465: „Das Jahr steht auf der Höhe"

Fürbitten

Bitten wir Maria um ihre Fürsprache für alle Menschen, die loslassen müssen:

A: Maria, wir rufen zu dir.

Für alle, die ihre Kinder loslassen müssen. – **A:** …

Für alle, die von einem lieben Menschen getrennt worden sind. – **A:** …

Für alle, die um einen lieben Menschen trauern. – **A:** …

Für alle, die ihre Heimat verlassen mussten. – **A:** …

Für alle, die belastende Erlebnisse loslassen müssen. – **A:** …

Für alle, die Hass und Feindschaft beenden wollen. – **A:** …

Für alle, die Vergebung ihrer Schuld suchen. – **A:** …

Für alle, die Befreiung von einer Sucht suchen. – **A:** …

Für alle, die sich nach der Kraft und Gesundheit ihrer Jugend sehnen. – **A:** …

Für alle, die ihre Arbeit verloren haben. – **A:** … Für alle, die übernommene Aufgaben abgeben müssen. – **A:** …

Für alle, die keine Ehre und Anerkennung mehr bekommen. – **A:** …

Für alle, die ihr Leben in deine Hände zurückgeben müssen. – **A:** …

In Gott allein kommt unsere Seele zur Ruhe und in ihm allein finden wir Frieden. Ihm sei Lob und Preis durch seinen Sohn Jesus Christus im Heiligen Geist. Amen.

Lied

Gotteslob Nr. 530: „Maria, Mutter unsres Herrn“

Vaterunser

V: Wir fassen unsere Bitten zusammen in dem Gebet, das der Herr uns gelehrt hat:

A: Vater unser …

Segen

Gott, Vater, der unserer Seele Ruhe schenkt,
Gott, Jesus Christus, der unserem Herzen seinen Frieden gibt,
Gott, Heiliger Geist, der uns die Kraft schenkt loszulassen,
segne uns und alle, die wir lieben.

A: Amen.

Lied

Gotteslob Nr. 534: „Maria, breit den Mantel aus“

Zitronenmelisse

Du bist mein Trost

Material:
Ein Strauß aus frischer Zitronenmelisse (oder getrocknete Zweige; ggf. Kräuter als Tee in der Apotheke bestellen)

Vorbereitung:
Die Andacht findet vor einer Marienstatue statt, die Melissenzweige werden gut sichtbar zu der Statue gestellt.

Lied

Gotteslob Nr. 536: „Gegrüßet seist du, Königin"

Liturgischer Gruß

V: O Gott, komm mir zu Hilfe.

A: Herr, eile mir zu helfen.

V: Ehre sei dem Vater und dem Sohn und dem Heiligen Geist,

A: wie im Anfang, so auch jetzt und allezeit und in Ewigkeit. Amen. Halleluja.

Einführung

Wir kennen viele Heilkräuter, die in der Natur wachsen. Sie können für uns ein Zeichen sein, dass Gott das Heil jedes Menschen will. Dieses Heil ist an Maria in besonderer Weise deutlich geworden. Deshalb rufen wir Maria als unsere Fürsprecherin an. Die Heilkräfte der Kräuter sind verschieden: Die Wirkung der Zitronenmelisse ist beruhigend und aufmunternd, sie ermöglicht ein gutes Einschlafen. Wir betrachten die beruhigende Wirkung der Zitronenmelisse als Symbol für Trost bei Verlust und Trauer.

Hymnus

Gott, Schöpfer allen Lebens,
du hast den Menschen geformt
und ihm deinen Atem eingehaucht,
damit seine Seele erwacht.

Du bist das Licht,
das jeden Tag Hoffnung schenkt,
und der Balsam,
der alle Wunden heilt.

Du gibst Trost
in den dunklen Stunden
und bist Halt
am bodenlosen Abgrund.

Dich preist unsere Seele
und dankt dir für deinen Sohn,
der unseren Schmerz durchlitten hat,
im Heiligen Geist, der unser Tröster ist. Amen.

Bibeltext

Johannes 19,25–27

Impuls

Maria steht unter dem Kreuz, ihr Sohn leidet und wird sterben. An diesem Tag ist der Schmerz so groß, dass es schwer ist, Gottes Willen anzunehmen. Alle Hoffnung auf das Heil scheint mit dem Tod Jesu zu schwinden, übrig bleiben Schmerz und Leere.
Trauer ist das Abschiedsgeschenk an einen Menschen, den wir lieben durften und der uns geliebt hat. Im Trauerprozess müssen wir einerseits den geliebten Menschen in Frieden gehen lassen und andererseits unser Leben neu ordnen, vielleicht neue Aufgaben übernehmen, andere Menschen in unser Herz schließen. Maria ist am Kreuz durch Jesu Wort Mutter der Kirche geworden.

5 Min. stille Betrachtung

Hier können ergänzend folgende Rosenkranzgesätze gebetet werden:

Jesus, der uns seinen Trost schenkt.

Jesus, der uns in unserem Schmerz nahe ist.

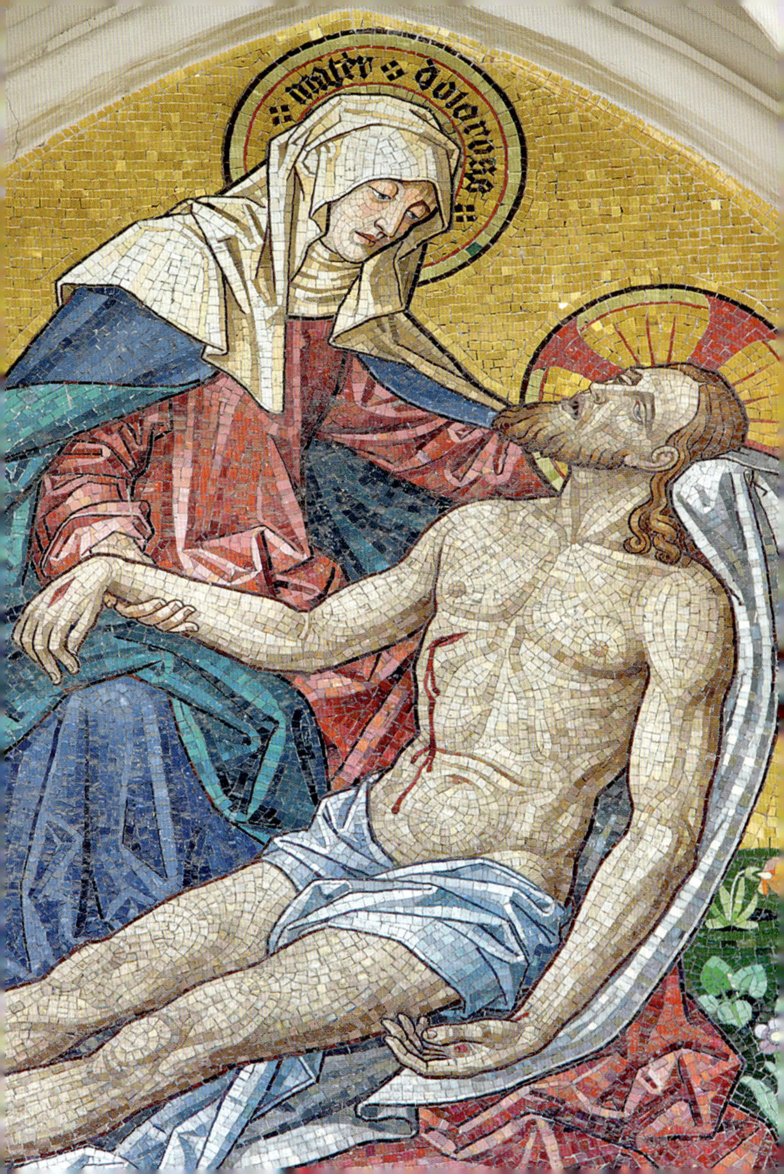
mater dolorosa

Lied

Gotteslob Nr. 532,1–2: „Christi Mutter stand mit Schmerzen"

Fürbitten

Bitten wir Maria um ihre Fürsprache für alle Menschen, die des Trostes bedürfen:
A: Maria, wir rufen zu dir.
Für alle, die um einen geliebten Menschen trauern. – **A:** …
Für alle, die ihre Kinder loslassen müssen. – **A:** …
Für alle Kinder, die unter der Scheidung ihrer Eltern leiden. – **A:** …
Für alle, die um einen vermissten Menschen bangen. – **A:** …
Für alle, die ein Opfer von Gewalt und Terror beklagen. – **A:** ….
Für alle, die ihre Heimat verlassen mussten. – **A:** …
Für alle, die einen Schwerkranken oder Sterbenden begleiten. – **A:** …
Für alle, die dem eigenen Tod entgegensehen. – **A:** …

Gott wird einst alle Tränen trocknen und uns in sein Reich aufnehmen. Ihm sei Anbetung, Lob und Ehre jetzt und in Ewigkeit. Amen.

Lied

Gotteslob Nr. 530: „Maria, Mutter unsres Herrn“

Vaterunser

V: Wir fassen unsere Bitten zusammen in dem Gebet, das der Herr uns gelehrt hat:

A: Vater unser …

Segen

Gott, Vater, der unsere Tränen abwischen wird,
Gott, Jesus Christus, der Maria als Mutter der Kirche eingesetzt hat,
Gott, Heiliger Geist, der unser Beistand und Tröster ist,
segne uns und alle, die wir lieben.

A: Amen.

Lied

Gotteslob Nr. 534: „Maria, breit den Mantel aus“

Majoran

Du sorgst für mich

Material:
Ein Strauß aus frischen oder getrockneten Majoranzweigen (ggf. die Kräuter als Tee in der Apotheke bestellen)

Vorbereitung:
Die Andacht findet vor einer Marienstatue statt, die Majoranzweige werden gut sichtbar zu der Statue gestellt.

Lied

Gotteslob Nr. 536: „Gegrüßet seist du, Königin"

Liturgischer Gruß

V: O Gott, komm mir zu Hilfe.

A: Herr, eile mir zu helfen.

V: Ehre sei dem Vater und dem Sohn und dem Heiligen Geist,

A: wie im Anfang, so auch jetzt und allezeit und in Ewigkeit. Amen. Halleluja.

Einführung

Wir kennen viele Heilkräuter, die in der Natur wachsen. Sie können für uns ein Zeichen sein, dass Gott das Heil jedes Menschen will. Dieses Heil ist an Maria in besonderer Weise deutlich geworden. Deshalb rufen wir Maria als unsere Fürsprecherin an. Die Heilkräfte der Kräuter sind verschieden: Der wilde Majoran wirkt lindernd bei Kopfschmerzen und Magen-Darm-Beschwerden. Wir betrachten die entlastende Wirkung des Majorans als Symbol für Hilfe in den Sorgen, die uns Kopfschmerzen bereiten oder im Magen liegen.

Hymnus

Gott des Himmels und der Erde,
du segnest alles, was lebt,
und machst es fruchtbar,
auch den Menschen, dein Abbild.

Du lässt die Pflanzen wachsen,
Bäume, Blumen und Kräuter.
Ihre Früchte und Blätter
dienen dem Menschen als Nahrung.

In deiner Güte sorgst du für uns,
die dein Lebensatem erweckt hat,
du stehst uns bei in der Not
und hilfst in Bedrängnis.

Dich preisen wir an jedem neuen Tag,
der du uns durch deinen Sohn
von allem Bösen erlöst hast,
und uns Kraft schenkst im Heiligen Geist. Amen.

Bibeltext

Lukas 2,25–35

Impuls

Als Maria und Josef im Tempel ihren Sohn Gott weihen und die Reinigung Marias erbitten, erwarten sie sicherlich nicht so ernste prophetische Worte, wie Simeon sie ihnen zuspricht.
Maria, die das Heil der Welt in ihren Händen hält, wird in ihrem Leben nicht von Sorge und Schmerz verschont sein. Maria kennt wie alle Menschen die täglichen Sorgen um Essen, Kleidung, Wohnung und Arbeit. Sie kennt aber auch große Sorgen: die Suche nach dem zwölfjährigen Sohn, das Unverständnis darüber, dass der Sohn als Wanderprediger lehrt, den Kreuzestod des Sohnes. In all ihren Nöten hat Maria daran festgehalten, auf Gott zu vertrauen.

5 Min. stille Betrachtung

Hier können ergänzend folgende Rosenkranzgesätze gebetet werden:

Jesus, der bei uns ist in unseren Sorgen und Nöten.
Jesus, der unsere Stärke und Hoffnung ist.

Lied

Gotteslob 465: „Das Jahr steht auf der Höhe“

Fürbitten

Bitten wir Maria um ihre Fürsprache für alle Menschen, denen ihre Sorgen Kopfschmerzen bereiten:

A: Maria, wir rufen zu dir.

Für alle, die Hunger und Durst leiden. – **A:** …

Für alle, die obdachlos sind. – **A:** …

Für alle, die aus ihrer Heimat fliehen müssen. – **A:** …

Für alle, die in Kriegsgebieten leben. – **A:** …

Für alle, die Gewalt und Terror erfahren haben. – **A:** …

Für alle, die unter Diskriminierung leiden. – **A:** …

Für alle, die sich aus persönlicher Not prostituieren. – **A:** …

Für alle, die ihren Arbeitsplatz verloren haben. – **A:** …

Für alle, die unter menschenunwürdigen Bedingungen arbeiten. – **A:** …

Für alle, deren Gehalt zum Leben nicht ausreicht. – **A:** …

Für alle, die schwer krank und pflegebedürftig sind. – **A:** …

Für alle, die sich um behinderte Menschen kümmern. – **A:** …

Für alle, die mit ihrer Sucht kämpfen. – **A:** …
Für alle, die misshandelt oder missbraucht worden sind. – **A:** …
Für alle, die in einer zerrütteten Ehe leben. – **A:** …
Für alle, die häusliche Gewalt erfahren. – **A:** …
Für alle, die um einen Verstorbenen trauern. – **A:** …

Gott ist unsere Stärke und unsere Hoffnung, er schenkt uns die Kraft, die wir selbst nicht haben. Ihn loben und preisen wir jetzt und allezeit. Amen.

Lied

Gotteslob Nr. 530: „Maria, Mutter unsres Herrn"

Vaterunser

V: Wir fassen unsere Bitten zusammen in dem Gebet, das der Herr uns gelehrt hat:

A: Vater unser …

Segen

Gott, Vater, der in uns die Hoffnung stärkt,
Gott, Jesus Christus, der uns in unserer Not beisteht,
Gott, Heiliger Geist, der uns in unseren Sorgen neuen Mut gibt, segne uns und alle, die wir lieben.
A: Amen.

Lied

Gotteslob Nr. 534: „Maria, breit den Mantel aus“

Holunder

Du bist ein treuer Gott

Material:
Ein Strauß getrockneter Holunderblüten (ggf. die Kräuter als Tee in der Apotheke bestellen) und ein Strauß frischer Holunderbeeren; für die getrockneten Kräuter einen Korb oder eine Holzschale und eine Vase für die frischen Zweige

Vorbereitung:
Die Andacht findet vor einer Marienstatue statt, die Holunderblüten und Fruchtzweige werden gut sichtbar zu der Statue gestellt.

Lied

Gotteslob Nr. 536: „Gegrüßet seist du, Königin“

Liturgischer Gruß

V: O Gott, komm mir zu Hilfe.

A: Herr, eile mir zu helfen.

V: Ehre sei dem Vater und dem Sohn und dem Heiligen Geist,

A: wie im Anfang, so auch jetzt und allezeit und in Ewigkeit. Amen. Halleluja.

Einführung

Wir kennen viele Heilkräuter, die in der Natur wachsen. Sie können für uns ein Zeichen sein, dass Gott das Heil jedes Menschen will. Dieses Heil ist an Maria in besonderer Weise deutlich geworden. Wir rufen Maria deshalb als unsere Fürsprecherin an. Die Heilkräfte der Kräuter sind verschieden: Die Holunderblüte, die wir heute zu Maria gestellt haben, hat eine erwärmende und schweißtreibende Wirkung. Ein beginnender Infekt kann ausgeschwitzt werden. Wir betrachten die reinigende Kraft der Holunderblüten als Symbol für den Wunsch nach Vergebung unserer Schuld und die Bitte um ein reines Herz. Die schwarzen Beeren des Holunders, die nur gekocht gegessen werden dürfen, haben einen hohen Gehalt an Vitalstoffen und stärken unsere Abwehrkräfte gegen Infekte. Die vorbeugende Kraft der Holunderbeeren versinnbildlicht den Wunsch, den Versuchungen in unserem Leben widerstehen zu können.

Hymnus

Gott, Urheber allen Seins,
Licht hast du vom Dunkel geschieden,
Land vom Wasser befreit,
aus dem Chaos wurde Ordnung.

In der Wildnis blüht dein Garten,
wachsen Pflanzen aller Art,
Früchte hängen an den Bäumen,
würzig duften alle Kräuter.

Aus des Gartens Erde
hast du den Mensch' geformt,
dein Atem schenkte Leben,
du der Vater, er der Sohn.

Ungehorsam bricht die Ordnung,
Sünde trennt von deiner Liebe.
Doch du bist ein treuer Gott,
der das Heil des Menschen will.

Du, Gott, bist dreifaltig Einer,
du der Vater, Sohn und Geist,
dir sei Lob und Preis gesungen
heut' und alle Erdenzeit. Amen.

Bibeltext

Matthäus 1,18–25

Impuls

Maria, die Josef bereits die Treue versprochen hat, wird schwanger. Scheinbar deutet sich hier eine Situation an, die viele Ehen heute und zu allen Zeiten betrifft: Das Treueversprechen wird gebrochen. Doch Gott klärt auf: Maria ist nicht untreu, sondern von aller Sünde frei, denn sie wird Mutter des einzigen Sohnes Gottes. Es ist Gottes Tat und seine Gnade. Gott kann und möchte zwischen sich und jedem Menschen das Band, das die Sünde zerreißt, erneuern. Er wartet darauf, dass wir zu ihm kommen und uns seiner Barmherzigkeit anvertrauen, immer wieder.

Lied

Gotteslob Nr. 268,1–3: „Erbarme dich, erbarm dich mein, Herr"

Kurze Stille

Hier können ergänzend folgende Rosenkranzgesätze gebetet werden:

Jesus, der uns unsere Schuld vergibt.

Jesus, der uns von dem Bösen erlöst.

Bibeltext

Genesis 3,4–6

Impuls

Eva, und mit ihr Adam, können der Versuchung nicht widerstehen, so klug und mächtig wie Gott zu sein. Macht ist die größte Versuchung für den Menschen. Reichtum und Wissen verleihen Macht und machen stolz auf die eigene Leistung. Maria hingegen hat ihr „Ja" zu Gott so gesprochen, dass er durch sie wirken konnte. Er möchte auch unser ungeteiltes „Ja", damit er uns mit seiner Gnade überreich beschenken kann.

Lied

Gotteslob Nr. 268,4–6: „Herr, nimm von mir nicht deinen Geist“

Fürbitten

Bitten wir Maria um ihre Fürsprache, dass alle Menschen nach der heilbringenden Ordnung
Gottes leben können:
A: Maria, wir rufen zu dir.
Um Einheit für die Kirche. – **A:** …
Um Respekt zwischen den verschiedenen Religionen. – **A:** …
Um Frieden für die Welt. – **A:** …
Um Toleranz für die unterschiedlichen Kulturen. – **A:** …
Um die Erhaltung der Schöpfung. – **A:** …
Um sauberes Wasser für alle Menschen. – **A:** …
Um Versöhnung zwischen verfeindeten Staaten. – **A:** …
Um ein Ende von Terror und Gewalt. – **A:** …
Um das tägliche Brot für alle Menschen. – **A:** …
Um Aufarbeitung und ein Ende von Missbrauch und Vergewaltigung. – **A:** …

Um menschenwürdige Arbeitsplätze. – **A:** …
Um Treue für alle Ehepaare. – **A:** …
Um Liebe und Geborgenheit für alle Kinder. – **A:** …
Um Freundschaft zwischen Streitenden. – **A:** …
Um Integration von behinderten Menschen. – **A:** …
Um Geduld mit alten Menschen. – **A:** …
Um würdevolle Begleitung für Sterbende. – **A:** …

Gott, dein Angesicht sehen wir in den Opfern von Gewalt und Ungerechtigkeit. Du hast deinen Sohn am Kreuz hingegeben, damit er uns von unserer Schuld erlöst. Dafür danken wir dir und bekennen: Dir allein ist alle Macht und Herrlichkeit, jetzt und in Ewigkeit. Amen.

Lied

Gotteslob Nr. 530: „Maria, Mutter unsres Herrn"

Vaterunser

V: Wir fassen unsere Bitten zusammen
in dem Gebet, das der Herr uns gelehrt hat:
A: Vater unser …

Segen

Gott, Vater, der uns in Liebe geschaffen hat,
Gott, Jesus Christus, der unsere Schuld auf sich genommen hat,
Gott, Heiliger Geist, der uns die ganze Wahrheit offenbart,
segne uns und alle, die wir lieben.
A: Amen.

Lied

Gotteslob Nr. 534: „Maria, breit den Mantel aus“

Lilie

Ein reines Herz

Material:
Eine Lilie in einer Vase, ggf. vier weitere Lilien

Vorbereitungen:
Die Andacht findet vor einer Marienstatue statt. Die Vase mit der Lilie wird gut sichtbar zu der Statue gestellt.

Lied

Gotteslob Nr. 531 „Sagt an, wer ist doch diese“

Liturgischer Gruß

V: Im Namen des Vaters und des Sohnes und des Heiligen Geistes.

A: Amen.

V: Gott, unser Vater, du hast der Jungfrau Maria die Gnade geschenkt, ohne Sünde zu leben. –
Wir loben dich.

A: Wir preisen dich.

V: Herr Jesus Christus, du hast Wohnung im Herzen Marias genommen. – Wir loben dich.

A: Wir preisen dich.

V: Heiliger Geist, du hast Maria die Tugend der Demut gegeben. – Wir loben dich.

A: Wir preisen dich.

Einführung

Die Muttergottes-Statue ist heute mit einer Lilie geschmückt. Die Tugenden Marias werden in der Kunst häufig durch eine Blume dargestellt. Die weiße Lilie bedeutet die Reinheit und Demut Marias. Das alte Kindergebet „Ich bin klein, mein Herz mach rein, soll niemand drin wohnen als Jesus allein“ fasst die beiden Tugenden Demut und Reinheit zusammen und zeigt deren Wirkung: Sie schaffen im Herzen Raum für Jesus. Wir wollen nun die beiden Tugenden im Leben Marias betrachten.

Lied

Gotteslob Nr. 527,1–4: „Ave Maria zart“

Bibeltext

Matthäus 5,8

Impuls

Ein reines Herz ist ganz frei von Sünde. Da jede Sünde den Menschen von Gott trennt, ist ein reines Herz ganz mit Gott verbunden. Maria ist dem Glauben der Kirche nach der einzige Mensch, dem die Gnade eines vollkommen reinen Herzens zuteil wurde. Ihr Herz, das nicht von der Sünde besetzt war, konnte zur Wohnung Jesu werden, der es ganz ausfüllte.

5 Min. stille Betrachtung

Bibeltext

Lukas 1,47–52

Impuls

Demut ist eine innere Herzenshaltung, die es uns ermöglicht, uns selbst so anzuschauen, wie wir in Wahrheit sind.

Ein demütiger Mensch kennt seine Stärken und seine Schwächen, er kennt seinen guten Willen und seine Schuld vor Gott. Er weiß, dass er alles, was er hat und kann, Gott verdankt und nicht seiner eigenen Leistung. Deshalb kann der demütige Mensch sich mutig auf den Ruf Gottes einlassen im festen Vertrauen, dass Gott ihm alles geben wird, was er braucht. Gott erwählt Maria, die alles von ihm erwartet. An ihr erleben wir, wie Gott in einem Menschen wirken kann, der nicht seine eigene Größe sucht, sondern sich ganz der Macht Gottes überlässt.

5 Min. stille Betrachtung

Hier können ergänzend folgende Rosenkranzgesätze gebetet werden:

Jesus, der in unseren Herzen Wohnung nehmen möchte.
Jesus, der gütig und von Herzen demütig ist.

Lobgesang Mariens

Antiphon: Gotteslob Nr. 631,3
Magnificat: Gotteslob Nr. 631,4

Fürbitten

Zu jeder Fürbitte kann eine weitere Lilie in die Vase gesteckt werden.

Maria zeigt uns, wie wir durch die Tugenden der Reinheit und Demut unser Herz ganz für Gott öffnen können. Auf ihre Fürsprache bitten wir unseren Herrn Jesus Christus:

A: Gotteslob Nr. 524,3: „Lilie ohnegleichen" Oder:
A: Maria, Jungfrau, bitte für uns!

Maria ist völlig frei von der Sünde, deshalb konnte ihr Herz zur Wohnung für dich werden. – Wir bitten dich: Vergib uns und allen Menschen unsere Schuld und schenke uns ein reines Herz.

Maria hat darauf vertraut, dass Gott ihr alles geben würde, was sie als Mutter Jesu braucht. – Wir bitten dich: Hilf uns und allen Menschen, deinen Ruf anzunehmen und dich durch uns wirken zu lassen.

Marias Herz ist frei von Stolz und Sünde, die uns von Gott trennen. – Wir bitten dich: Erwecke in uns und allen Menschen die Tugenden der Demut und Reinheit.

Maria hat an sich selbst erfahren, was es heißt: Wer sich selbst erniedrigt, wird erhöht werden. – Wir bitten dich: Erlöse uns und alle Menschen vom Bösen und nimm uns einst auf in dein himmlisches Reich.

Denn du bist gütig und von Herzen demütig, vor dir beugen wir unsere Knie und beten dich an, durch dich ehren wir den Vater im Heiligen Geist alle Tage unseres Lebens. Amen.

Vaterunser

V: Wir fassen unsere Bitten zusammen in dem Gebet, das der Herr uns gelehrt hat:

A: Vater unser …

Segen

Auf die Fürsprache der Jungfrau Maria segne uns Gott, der Vater und der Sohn und der Heilige Geist.
A: Amen.

Lied

Gotteslob Nr. 528: „Ein Bote kommt, der Heil verheißt“

Veilchen

Ewige Treue

Material:
Ein blaues Veilchen (z. B. Usambara-Veilchen) als Topfpflanze, ggf. vier weitere Veilchen

Vorbereitungen:
Die Andacht findet vor einer Marienstatue statt, das Veilchen wird gut sichtbar zu der Statue gestellt.

Lied

Gotteslob Nr. 531: „Sagt an, wer ist doch diese"

Liturgischer Gruß

V: Im Namen des Vaters und des Sohnes und des Heiligen Geistes.

A: Amen.

V: Treuer Gott, unser Vater, du liebst den Menschen, den du erschaffen hast. – Wir loben dich.

A: Wir preisen dich.

V: Herr Jesus Christus, du hast Maria zur Mutter deiner Kirche gemacht. – Wir loben dich.

A: Wir preisen dich.

V: Heiliger Geist, du beschenkst uns mit deinen Gaben, damit wir einander lieben. – Wir loben dich.

A: Wir preisen dich.

Einführung

Die Muttergottes-Statue ist heute mit einem Veilchen geschmückt. Die Tugenden Marias werden in der Kunst häufig durch eine Blume dargestellt. Das blaue Veilchen steht für die Treue Marias zu Jesus, dem Sohn Gottes, und für die Beständigkeit im Glaubensleben. Wir betrachten die Sehnsucht Gottes nach einer dauerhaften und innigen Gemeinschaft mit den Menschen.

Lied

Gotteslob Nr. 528: „Ein Bote kommt, der Heil verheißt“

Bibeltext

Johannes 19,25–27

Impuls

Am Ende seiner Passion ist Jesus von fast allen Menschen verlassen worden. Sie haben sich von ihm abgewendet oder sind aus Angst geflohen. Doch Maria steht unter dem Kreuz. Ihre Liebe zu Jesus ist ungebrochen, obwohl alles gegen ihn zu sprechen scheint. Unsere Treue zu Gott kann sich im offenen Bekenntnis zu ihm zeigen, dort wo er in der Öffentlichkeit, am Arbeitsplatz oder im Bekanntenkreis nicht ernst genommen oder verspottet wird.

5 Min. stille Betrachtung

Lied

Gotteslob Nr. 482: „Die Kirche steht gegründet“

Bibeltext

Apostelgeschichte 1,13–14

Impuls

Jesus ist aufgefahren in den Himmel, deshalb kann Maria ihn nicht mehr als Mensch ansprechen. Der Kontakt mit Jesus ist von nun an das Gebet. Maria ist mitten in der betenden Gemeinde. Im Gebet wenden wir uns Gott zu, wir suchen seine Nähe und richten unser Herz auf ihn aus. Das regelmäßige Gebet und das regelmäßige Zusammenkommen in der Gemeinde ist deshalb Grundlage einer lebendigen Gottesbeziehung. So wie Maria und die Jünger werden auch wir im gemeinsamen Gebet mit dem Heiligen Geist beschenkt, dessen Gaben uns erst zu Taten der Liebe fähig machen.

5 Min. stilles Gebet

Hier können ergänzend folgende Rosenkranzgesätze gebetet werden:

Jesus, der im Gebet die Nähe zu seinem Vater gesucht hat.

Jesus, der treu Gottes Willen erfüllt hat bis zum Tod am Kreuz.

Lobgesang Mariens

Antiphon: Gotteslob Nr. 631,3
Magnificat: Gotteslob Nr. 631,4

Fürbitten

Zu jeder Fürbitte kann ein weiteres Veilchen zur Marienstatue gestellt werden.

Maria zeigt uns durch die Tugend der Treue und der Beständigkeit, wie wir Zeugen der Liebe Gottes werden. Auf ihre Fürsprache bitten wir unseren Herrn Jesus Christus:

A: Gotteslob Nr. 524,1:
„Meerstern, ich dich grüße"
Oder: **A:** Maria, Mutter der Kirche, bitte für uns!

Maria hat zusammen mit den Aposteln und den Frauen gebetet. – Wir bitten dich: Schenke der Kirche Einheit und versammle dein Volk Tag für Tag zum gemeinsamen Gebet.

Während des gemeinsamen Gebetes ist der Heilige Geist auf Maria und die versammelte Gemeinde herabgekommen. – Wir bitten dich: Erfülle deine Kirche mit dem Heiligen Geist, so dass dein Volk dir und den Menschen in Liebe dienen kann.

Maria steht bei dir unter dem Kreuz, als fast alle dich verlassen haben. – Wir bitten dich: Hilf uns und allen Christen, dir treu zu sein und uns zu dir zu bekennen, wenn du verspottet oder angegriffen wirst.

Es schmerzte Maria, dich am Kreuz leiden zu sehen. – Wir bitten dich: Lass uns deinen Schmerz teilen und uns mit dir vereinen, wenn dir Menschen mit Unglauben und Spott begegnen.

Durch deinen Tod am Kreuz hast du den Vater verherrlicht, damit wir als erlöste Menschen leben können.
Ehre sei dir und dem Vater im Heiligen Geist jetzt und in Ewigkeit. Amen.

Vaterunser

V: Wir fassen unsere Bitten zusammen in dem Gebet, das der Herr uns gelehrt hat:

A: Vater unser …

Segen

Auf die Fürsprache der Gottesmutter Maria segne uns Gott, der Vater und der Sohn und der Heilige Geist.

A: Amen.

Lied

Gotteslob Nr. 364,1–2.4: „Schönster Herr Jesu“

Quellennachweis

Texte: S. 16: © Eleonore Beck; S. 22: „Fest soll mein Taufbund immer stehn“, Text: Karl Günter Peusquens, Rechteinhaber: Erzbistum Köln. Alle Rechte vorbehalten; S. 22, 23: © Kurt Weigel; S. 24, 25: aus: Wilhelm Willms, von perle zu perle. rosenkranz als schrittmacher, © 1978 Butzon & Bercker GmbH, Kevelaer, www.bube.de, S. 24

Die Bibeltexte wurden entnommen aus: Einheitsübersetzung der Heiligen Schrift, vollständig durchgesehene und überarbeitete Ausgabe, © 2016 Katholische Bibelanstalt, Stuttgart

Abbildungen: Cover: © Historisches Archiv der Stadt Köln mit Rheinischem Bildarchiv, Albers, Michael, 2015 Lochner, Stefan, Muttergottes in der Rosenlaube, Wallraf-Richartz-Museum & Fondation Corboud, Köln, Inv.-Nr. WRM 0067, rba_d034368; S. 3, 54: © Piotr Sikora – stock.adobe.com; S. 7: © annelie_bayer – stock.adobe.com; S. 9: © Nailia Schwarz – stock.adobe.com; S. 11, 44: © Olga Lyubkina – stock.adobe.com; S. 13, 15, 29, 43, 49, 52, 57, 71, 85, 95, 105, 111, 113: © Renáta Sedmáková – stock.adobe.com; S. 17, 25, 114: Verlagsarchiv; S. 19: © Rebai Silvano – stock.adobe.com; S. 21: © Alan_Lagadu – stock.adobe.com; S. 23: © aalin – stock.adobe.com; S. 27: © Tomas Sereda – stock.adobe.com; S. 31: © Alekss – stock.adobe.com; S. 32, 33, 46, 51, 108, 109: © objectsforall – stock.adobe.com; S. 34, 55: © alinamd – stock.adobe.com; S. 37: © Joerg GAMROTH – stock.adobe.com; S. 38, 39, 65: © Gerhard Seybert – stock.adobe.com; S. 41: © Christian Fallini – stock.adobe.com; S. 53: © t0m15 – stock.adobe.com; S. 59, 104: © Comugnero Silvana – stock.adobe.com; S. 60: © emmi – stock.adobe.com; S. 66: © Benjamin Haas – stock.adobe.com; S. 73: © Pixelmixel – stock.adobe.com; S. 74: © Roman Gorielov – stock.adobe.com; S. 77: © Bill Perry – stock.adobe.com; S. 81: © Václav Mach – stock.adobe.com; S. 82: © EasyBalance – stock.adobe.com; S. 89: © Rozmarina – stock.adobe.com; S. 90: © S.H.exclusiv – stock.adobe.com; S. 96: © momanuma – stock.adobe.com; S. 115: © Ruckszio – stock.adobe.com; S. 119: © Smileus – stock.adobe.com; S. 122: © CURAphotography – stock.adobe.com

Bibliografische Information der Deutschen Nationalbibliothek
Die Deutsche Nationalbibliothek verzeichnet diese Publikation in der Deutschen Nationalbibliografie; detaillierte bibliografische Daten sind im Internet über http://dnb.d-nb.de abrufbar.

Das Gesamtprogramm von Butzon & Bercker finden Sie im Internet unter **www.bube.de**

MIX
Papier | Fördert gute Waldnutzung
FSC www.fsc.org FSC® C144789

ISBN 978-3-7666-2632-5

4. Auflage 2026

Umschlaggestaltung: Werner Dennesen, Weeze
Layout und Satz: Kai & Amrei Serfling, Leipzig